जिन्दगी एक रेलगाड़ी

<u>प्रस्तावना</u>

प्रशांत शर्मा, एक Ph.D. Scholar हैं। स्कूल के दिनों से ही इन्हें कावितायें सुनने व पढ़ने का शौक था, जब भी मौका मिले आप टीवी पर कविता सुना करते थे। श्री शैलेश लोधा जी के धारावाहिक के द्वारा अनेक कवियों को जाना और उनसे प्रेरित हो कर आपने अपनी पहली कविता "school तुझे कैसे भूलेंगे" लिखी थी, जिसमे इन्होंने अपने school की खट्टी-मीठी यादों को संजोया था। आप ने अपने कॉलेज के दौरान कविता लिखना जारी रखा। अलग-अलग विषय पर अपने विचारो को कविता रूपी माला में पीरोंना शुरू किया। अलग-अलग विषयों पर लिखते हुए आपको एक app के बारे में पता लगा, अपने app पर लिखते हुए कुछ किताबो में अपनी कावितायें लिखी। अपने विचारो को कविताओं के द्वारा प्रकट करते हुए, आपने अपनी कविताओं को Instagram पर भी डाला. आपका page: writtenbysharmaji (शर्मा जी की लेखनी) बनाया एवं आपने अपना #sharmajikilekhni भी प्रयोग किया। लेकिन समय के आभाव के कारण आप उस पर ज्यादा पोस्ट नहीं कर पाते. अपने ज़िन्दगी के सफ़र को बहुत ही खूबसूरती के साथ कविताओं में ढालने के लिए आपको best writer पुरुस्कार से सम्मानित किया गया। आपने अपनी पहली पुस्तक "ज़िन्दगी एक रेल गाडी" में अपनी कविताओं का संग्रह किया हैं। इस संग्रह में आपने अपनी ज़िन्दगी की कुछ बेहतरीन कविताओं को ज़िन्दगी की घटनाक्रम के पन्क्तिबध रूप में लिखा है आपकी ज़िन्दगी में हुए कई ऊतार चढ़ाव को कविता का रूप

दे, आपको ज़िन्दगी की कठिनाईयों से झूझने की हिम्मत मिलती हैं। प्रशांत अपनी डायरी के लिया लिखते हैं "जब कोई नही था तो कलम साथ आया, उसने मेरी डायरी मे सारा सच छुपाया. लिख दिया मैंने डायरी में वो सभी, जो मैं किसी से कह न पाया। और अपनी डायरी को अपना परममित्र कहते हैं। शर्मा जी अपनी मित्र मृणालिनी रॉय को मुख्य रूप से धन्यवाद कहते हैं। जिन्होंने उनकी हर कविता को सुना, समझा और उनका इस किताब के लिए कविता चुनने में साथ दिया। आप बताते हैं कि, मृणालिनी ही थी जिन्होंने उन्हें अपनी कविताओं को प्रकाशित करने के लिए प्रोत्साहित किया। एक secret writer से एक book publisher तक के सफ़र में आप मृणालिनी जी के विशेष आभारी हैं।

प्रशांत शर्मा

अनुक्रम

१. मेरी माँ

२. कॉलेज की यारी

३. बहुत दूर से आए हैं

४. दोस्त पुराने

५. सखा मेरे

६. प्यार का अहसास

७. सैलाब

८. पुरानी तस्वीरे

९. याद आयी तुम्हारी

१०. ये तेरा मोहल्ला

११. तेरा शहर

१२. ख़ामोशी के शब्द

१३. अजनबी हुआ मैं

१४. प्यारे घर

१५. टूटी खिड़की

१६. युद्ध

१७. नयी सुबह

१. मेरी माँ

खो गया घर माँ तेरे साथ,

नहीं याद आता वो घर तेरे बाद।

क्या ही बचा हैं इस घर के अंचल में,

बैठा हूँ अकेला उस आंगन में ।

ये चार दिवारी ये छत इसे मकान तो बनती हैं,

लेकिन,

घर को घर बनाने वाली माँ तेरी बहुत याद आती हैं।

घर तो तभी तक था, जब तुम वाह होती थी।

देर रात को भी गरम खाना खिला कर सोती थी।

एग्जाम मेरा होता, रात भर जाग कर चाय कॉफ़ी बनाती थी।

और सारा याद करा कर ही सुलाती थी।

सुबह एग्जाम देने जाता, तो दही शक्कर खिलाती थी।

 और सुबह-सुबह मंदिर से टीका ला कर मुझे लगाती थी।

याद है,

पहले इंटरव्यू के लिए तुम ही तो अच्छी सी टाई लायी थी।

मेरी नौकरी लगने की ख़ुशी में तुमने ही तो पुरे मोहल्ले को मिठाई
खिलाई थी।

 जब पता लगा चला जाऊंगा नौकरी के लिये सब छोड़ कर,

ये सब सोच कर तुम्हारी आंखे भर आई थी।

सामने से देख आता मुझे,

आंसू पोछ तुम मुस्काई थी ।

कैसे जाऊ उस घर में माँ,

जिसमे तुमने अपने हाथो से एक एक ईट लगाई थी।

तुम ही तो अपने हाथो से उसका एक एक सामान लायी थी।

याद आती है वो तेरे साथ वाली आखरी रात,

पूरी रात कर रहे थे हम दोनों बात,

बातो बातो में तुम कही खो सी जाती थी ।

और मेरे जाने की बात याद कर रो जाती थी।

आज भी तुम्हे बहुत याद करता हूँ,

जब से तुम गयी हो हर चीज़ से डरता हूँ।

तुम थी तो हर चीज़ सम्भाल लेती थी,

मेरे Hello बोलने से ही मेरे दिल का हाल जान लेती थी।

तुम नहीं हो तो अब घर-घर नही लगता माँ,

तुम्हारे बिना घर-घर नहीं लगता माँ ।

तुम्हारे बिना घर-घर नहीं लगता माँ ।

२. <u>कॉलेज की यार</u>

एक कड़क चाय जैसी यारी,

एक एक्टिवा पर तीन सवारी।

वो क्लास को बंक मारना,

हर काम को हमारा टालना,

दोस्तों के साथ घुमने जाना,

और महावीर ढाबे का चटपटा खाना।

पिज़्ज़ा खाने के लिया तो पैसे न होना,

गोलगप्पे खाने के लिए भी कुछ दोस्तों का रोना,

और लंच में मस्त हो कर सोना।

याद आता है,

 दोस्तों को टिफ़िन चुराना,

फिर लंच से पहले उसे खा जाना।

वो कॉलेज का जमाना ।

वो हमारा याराना ।।

३.   <u>बहुत दूर से आए हैं</u>

बहुत दूर से आये है,

बहुत दूर तक जाना है ।

शून्य से शुरू हुआ हूँ ,

असमान को छु कर आना हैं ।।

मेहनत का हाथ थामा हैं मैंने,

ऊँचाइयों को छुने जाना हैं ।

बहुत दूर से आये है,

बहुत दूर तक जाना है ।

४. <u>दोस्त पुराने</u>

बिछड़ गये वो दोस्त सभी,

जो रोज मिला करते थे ।

एक गाडी पर हम तीनो रोज घुमा करते थे ।

वो दस मिनट की दूरी न जाने कब,

 दस घंटो की हो गयी ।

ये आगे बढ़ने की चाह में,

 वो बड़ा बनने की रह में,

दोस्ती हमारी कही खो गयी ।

५. <u>सखा मेरे</u>

सखा हों तुम,

साथी हों तुम ।

ज़िन्दगी के सफ़र में,

हमराही हो तुम

मेरे मन का मोती,

मेरा संसार हो तुम ।

मेरी ख़ुशी भरी मुस्कान का

अलंकार हो तुम ।

हर साँस के सुकून का अहसास हो तुम ।

मेरे प्रेम का आधार हो तुम ।

६. <u>प्यार का अहसास</u>

प्यार बताया नही दिखाया करो,

 दोस्त बन कर सही साथ निभाया करो ।

जब रूठ जाऊ,

तो प्यार से मनाया करो ।

कभी चॉकलेट,

कभी आइस क्रीम ले आया करो,

 और कुछ समझ न आये,

तो momo ही खिला लाया करो ।

 जब भी मिलो मुझसे,

दुनियां को भूल जाया करो,

 जब मैं कुछ प्यार से बनाया करू,

 तो मुह न सडाया करो ।

प्यार बताया नही दिखाया करो,

जब मैं गुस्से मैं आ जाऊ,

 पास आ कर कसके गले लगाया करो ।

मेरे साथ हो तो बस मेरे हो जाया करो,

 मेरे सामने किसी और लड़की से न बतियाया करो ।

मैं गुस्सा दिखाऊ तो मेरी फीलिंग समझ जाया करो,

प्यार बताया नहीं दिखाया करो । ।

७. सैलाब

हो गया हैं फ़ोन "प्रशांत" मेरा,

 नहीं करता किसी से बात।

बाते तो बहुत हैं कहने को,

 नहीं कहता दिल के जज्बात ।

नहीं आते कोई "whatsapp" मुझे अब,

 न ही आते हैं अब कॉल बार बार ।

 हां शांत हु मैं अकेला,

नहीं कहता अपने हालात ।

उमड़ रहा मन में सैलाब,

शांत हूँ मैं अकेला, नहीं कहता अपने हालात ।

उमड़ रहा मन मैं हैं सैलाब,

शांत हूँ, दबा के अपने हालात ।

छुपे हैं मन मैं हजारो राज़,

लेकिन हां,

नहीं करनी किसी से बात । ।

८. पुरानी तस्वीर

आज फिर कुछ पुरानी तस्वीरे भेज दी गयी।

कुछ पुरानी यादों की अलमारी खोल दी गयी।

याद कर लिया हमने उन हसीन लम्हों को,

एक बार फिर से,

जो इन तस्वीरों में सहेज दी गयी।

 कुछ बाते कहीं अनकहीं इन तस्वीरों में समेट दी गयी।

थे किस्से कहानिया कई, यादो की चादर में लपेट दी गयी।

आज फिर कुछ पुरानी तस्वीरे भेज दी गयी ।।

९. <u>याद आयी तुम्हारी</u>

तुम्हारी याद आ रही हैं ।

मुझे बहुत तडपा रही हैं ।

ये हवाएं ये फिज़ाएँ मुझे बता रही हैं ।

ये चाँद की रौशनी मुझे सता रही हैं ।

न जाने क्यूँ आज फिर से,

तुम्हारी याद आ रही हैं ।

ये नदियाँ मुझे तुम्हारे करीब ला रही हैं,

ये सर्दियों की ओस मुझे तुम्हारा बना रही हैं ।

आज फिर, तुम्हारी याद आ रही हैं ।।

१०. ये तेरा मोहल्ला

ये तेरा मोहल्ला हैं,

 या फिर मेरा मोहल्ला हैं ।

जो रोज मुझे बुलाता हैं।

मेरी यादों में आ आ कर क्यूँ मुझे सताता हैं ।

वादा कर चूका हूँ,

 नहीं आऊंगा कभी उन गलियों में वापस ।

फिर भी बुला बुला कर रोज क्यूँ रुलाता हैं ।

तुम ही बताओ कि,

 ये तेरा मोहल्ला हैं,

या फिर मेरा मोहल्ला हैं ।

जो रोज मुझे बुलाता हैं।

११. <u>तेरा शहर</u>

आज फिर तेरे शहर में आना हुआ.

इत्र हैं इन हवाओ में कुछ पहचाना हुआ ।

जब दीदार हुआ तेरा छत पर,

मैं फिर से तेरा दीवाना हुआ ।

जो देखा तुमने मुझे नज़रे उठा कर,

तेरे आँखों के जादू से मैं बेगाना हुआ ।

देख तेरे अधर पर मुस्कान,

खुश हुआ सोच कर कि,

आज फिर तेरे शहर में आना हुआ ।

१२. <u>ख़ामोशी के शब्द</u>

आ चल मेरे साथ कही,

तेरे पास यू ही बैठना चाहता हूं।

आज समझ ले मेरी खामोशियों को तू

यू ही खामोशी से सब कुछ कहना चाहता हूं।

एक यही ख्वाइश हैं मेरे दिल की,

मैं उमर भर तेरे साथ रहना चाहता हूं।

आ चल मेरे साथ कही,

तेरे पास यू ही बैठना चाहता हूं।।

तेरे साथ यू ही बैठना चाहता हूं।।

१३. <u>अजनबी हुआ मैं</u>

एक जमाना था,

ये शहर हमारा था ।

मैं नौकरी के लिए भागता गया।

ये शहर मुझे भूलता गया ।

अब आया हूँ,

ये शहर मुझे नहीं जनता ।

जो समझता था अपना,

अब वो मुझे नही पहचानता ।

वो गलियां वो तराने कहीं खो गए ।

हम अपने शहर के लिए अजनबी हो गए ।

१४. प्यारे घर

ऐ प्यारे घर कहा हैं तू,

 वो सुकून का पल कहा है तू।

खो गया खुशियों का ठिकाना,

 याद आता हैं घर पुराना।

ढूंढने पर भी न मिले तू

ऐ प्यारे घर कहा हैं तू।

घर से जो चैन मिलता था,

मेरा चेहरा खिल उठता था।

ऐ प्यारे घर कहा हैं तू।।

इन दीवारों में अब यादे बसी हैं,

कुछ पुरानी चीज़े अभी भी फंसी हैं।

तुझे देख कर मैं आहें ही भरू,

 तुझे देख कर अब मैं रो भी न सकू।

ऐ मेरे प्यारे घर कहाँ हैं तू।।

१५. टूटी खिड़की के टूटे सपने

[२०]

टूटी खिड़की ने बचपन याद दिलाया ।

खिड़की के पीछे था,

हमने सपनो को सजाया ।

देखे थे ख्वाब दुनिया को जीतने के,

जिन्दगी की दौड़ में,

कुछ को खोया कुछ को पाया ।

देख उस खिड़की को आज इस तरह,

आज फिर बच्चा बनने को दिल कर आया ।

टूट गयी वो खिड़की हमारे सपनो की तरह,

जिनके पीछे भागते हुए जीवन गवाया ।

१६. युद्ध

ले शमशीर लड़ जा ज़माने से,

खुशियाँ नही मिलती अजमाने से ।

हैं युद्ध का मैदान ये जीवन,

जीत नहीं मिलती बैठ जाने से ।

युद्ध नहीं ये तेरा धर्म हैं,

जीत नहीं मिलती डर जाने से ।

ले शमशीर लड जा ज़माने से ।।

१७. <u>नयी सुबह</u>

नयी सुबह के साथ,

एक रौशनी की किरण आई है ।

उम्मीद की रौशनी संग लायी हैं ।

होगा उजाला,

जिन्दगी में भी एक दिन ।

सूरज की किरणे,

ये कहने आयी हैं ।

नयी सुबह के साथ,

एक रौशनी की किरण आई है ।